汽车底盘检测与维修
（实训指导手册）

班级：_____

姓名：_____

小组：_____

北京理工大学出版社
BEIJING INSTITUTE OF TECHNOLOGY PRESS

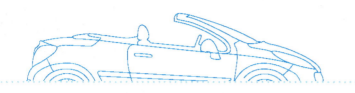

目 录
CONTENTS

项目1 实训　底盘综合认识及工具的使用 …………………………… 001
　　一、实训组织安排 ………………………………………………… 001
　　二、实训目的及重点、难点 ……………………………………… 001
　　三、实训仪器设备及工具 ………………………………………… 001
　　四、内容及步骤 …………………………………………………… 001
　　五、项目验收 ……………………………………………………… 003

项目2 实训　更换离合器片 …………………………………………… 004
　　一、实训组织安排 ………………………………………………… 004
　　二、实训目的及重点、难点 ……………………………………… 004
　　三、实训仪器设备及工具 ………………………………………… 004
　　四、内容及步骤 …………………………………………………… 005
　　五、项目验收 ……………………………………………………… 010

项目3 实训　拆装奥迪012型手动变速器 …………………………… 011
　　一、实训组织安排 ………………………………………………… 011
　　二、实训目的及重点、难点 ……………………………………… 011
　　三、实训仪器设备及工具 ………………………………………… 011
　　四、内容及步骤 …………………………………………………… 013
　　五、项目验收 ……………………………………………………… 017

项目4 实训-1　拆装丰田自动变速器 ………………………………… 018
　　一、实训组织安排 ………………………………………………… 018
　　二、实训目的及重点、难点 ……………………………………… 018
　　三、实训仪器设备及工具 ………………………………………… 018
　　四、内容及步骤 …………………………………………………… 019
　　五、项目验收 ……………………………………………………… 022

项目4 实训-2　拆装01M自动变速器 ………………………………… 023
　　一、实训组织安排 ………………………………………………… 023

二、实训目的及重点、难点·················· 023
三、实训仪器设备及工具·················· 023
四、内容及步骤························ 024
五、项目验收·························· 029

项目 7 实训　四轮定位 ·················· 030

一、实训组织安排······················ 030
二、实训目的及重点、难点·················· 030
三、实训仪器设备及工具·················· 030
四、内容及步骤························ 031
五、项目验收·························· 039

项目 8 实训-1　扒胎机的使用 ·················· 040

一、实训组织安排······················ 040
二、实训目的及重点、难点·················· 040
三、实训仪器设备及工具·················· 040
四、内容及步骤························ 041
五、项目验收·························· 044

项目 8 实训-2　车轮动平衡 ·················· 045

一、实训组织安排······················ 045
二、实训目的及重点、难点·················· 045
三、实训仪器设备及工具·················· 045
四、内容及步骤························ 046
五、项目验收·························· 049

项目 9 实训　更换前后减震器及弹簧 ·················· 050

一、实训组织安排······················ 050
二、实训目的及重点、难点·················· 050
三、实训仪器设备及工具·················· 050
四、内容及步骤························ 051
五、项目验收·························· 056

项目 10 实训-1　拆装齿轮齿条式转向器 ·················· 057

一、实训组织安排······················ 057
二、实训目的及重点、难点·················· 057
三、实训仪器设备及工具·················· 057
四、内容及步骤························ 058
五、项目验收·························· 062

项目 10 实训-2　整体更换转向机 ·················· 064

一、实训组织安排······················ 064

二、实训目的及重点、难点……………………………………………064
　　三、实训仪器设备及工具………………………………………………064
　　四、内容及步骤…………………………………………………………065
　　五、项目验收……………………………………………………………069

项目 11 实训　更换刹车片……………………………………………070
　　一、实训组织安排………………………………………………………070
　　二、实训目的及重点、难点……………………………………………070
　　三、实训仪器设备及工具………………………………………………070
　　四、内容及步骤…………………………………………………………071
　　五、项目验收……………………………………………………………077

项目 1 实训

底盘综合认识及工具的使用

一、实训组织安排

（1）参考学时：4。
（2）实训分组：每 10 人一组，每组配备一名指导教师。
（3）实训类型：演示。

二、实训目的及重点、难点

1. 实训目的

（1）针对实物，熟记底盘各系统部件名称及安装位置。
（2）针对实物，能解释各系统主要总成部件基本结构、基本工作原理及功用。
（3）能够熟练操作汽车检测与维修中应用的各种工具与量具。

2. 重、难点

重点：底盘各系统的基本结构及简单工作原理；工具及量具的使用方法。
难点：底盘主要部件基本原理理解；工具及量具使用的注意事项。

三、实训仪器设备及工具

1. 设备

汽车底盘台架、千斤顶、安全支架及举升机。

2. 工具

汽车底盘检修常用工具及量具。

四、内容及步骤

实训前提示安全注意事项：注意人身安全，防止机件碰伤身体。

（一）介绍汽车底盘台架

1. 汽车底盘总体结构

（1）汽车底盘的作用。
（2）汽车底盘的基本组成。

2. 传动系统

（1）传动系统的作用。

（2）传动系统的分类。

（3）传动系统的组成。

（4）各部分的功用、组成及工作原理。

3. 行驶系统

（1）行驶系统的作用。

（2）行驶系统的组成。

（3）各部分的功用、组成及工作原理。

4. 转向系统

（1）转向系统的作用。

（2）转向系统的分类。

（3）转向系统的组成。

（4）各部分的功用、组成及工作原理。

5. 制动系统

（1）制动系统的作用。

（2）制动系统的分类。

（3）制动系统的组成。

（4）各部分的功用、组成及工作原理。

（二）介绍汽车底盘检修常用工具及量具

1. 介绍常用工具

（1）介绍各种扳手的名称、规格、使用方法及注意事项。

普通扳手、梅花扳手、套筒扳手、活动扳手、扭力扳手和内六角扳手。

（2）介绍螺钉旋具的名称、规格、使用方法及注意事项。

一字螺钉旋具和十字螺钉旋具。

（3）介绍各种锤子及手钳的名称、规格、使用方法及注意事项。

钳工锤、尖嘴钳和鲤鱼钳。

2. 介绍常用量具

介绍常用量具的名称、规格、使用方法、读数方法及使用的注意事项。

金属直尺、游标卡尺、千分尺和百分表塞尺。

3. 介绍常用举升设备

介绍常用举升设备的名称、规格、操作方法及使用范围。

千斤顶、安全支架和举升机。

五、项目验收

序号	考核内容	配分	评分标准	扣分	得分
1	针对底盘台架，简述底盘各系统名称并指出位置	25	说出名称 5 分，指出一个系统位置 5 分		
2	针对底盘台架，教师随机点出一个系统，说出其工作原理	20	简单介绍即可		
3	准备几个常见零件，根据实物，指出其名称及所处系统	10	每项 5 分		
4	选两个常用工具，根据实物，指出其名称及工作场合	20	说出名称 5 分，说出工作场合 5 分		
5	选两个常用量具，根据实物，指出其名称并说出测量方法	20	说出名称 5 分，说出测量方法 5 分		
6	清理现场	5	每项扣 5 分，扣完为止		
7	分数合计	100			

项目 2 实训

更换离合器片

一、实训组织安排

（1）参考学时：4。
（2）实训分组：每 5 人一组，每组配备一名指导教师。
（3）实训类型：操作。

二、实训目的及重点、难点

1. 实训目的

（1）掌握拆装离合器的方法。
（2）加深对汽车离合器结构及工作原理的理解。
（3）能够对汽车离合器进行基本检查。

2. 重、难点

重点：捷达轿车离合器片的更换方法及注意事项。
难点：捷达轿车离合器片的拆装过程。

三、实训仪器设备及工具

（1）设备：捷达轿车 2 台。
（2）工具：

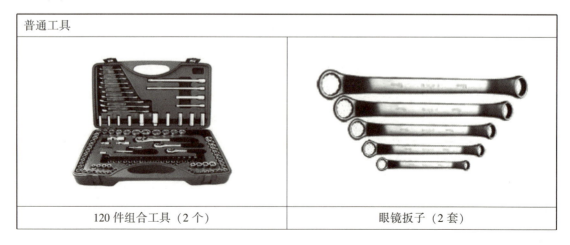

普通工具	
120 件组合工具（2 个）	眼镜扳子（2 套）

续表

普通工具	
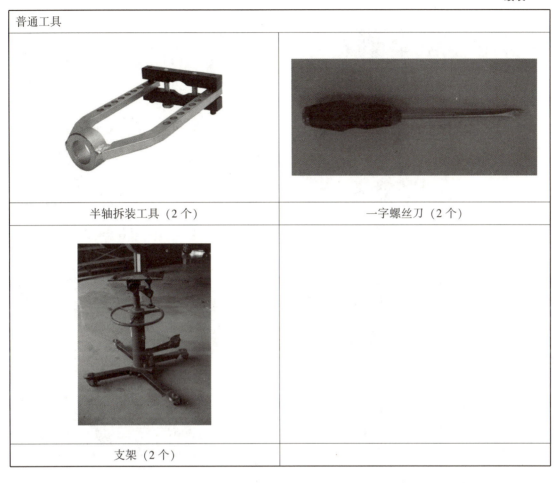 半轴拆装工具（2个）	一字螺丝刀（2个）
支架（2个）	

四、内容及步骤

拆 卸 步 骤

步骤1　拆卸外围附属件

（1）操作方法：首先拆卸蓄电池（见图2-1），注意先拆负极，后拆正极；拆卸起动机电源线（见图2-2）；拆下暖风水管（见图2-3）；拆下变速器搭铁线（见图2-4）；拆下速度表软轴（见图2-5、图2-6），并用橡胶堵盖将孔封住，防止变速器油泄漏（见图2-7）；把车辆举升，从底部拆下离合器拉线（见图2-8、图2-9、图2-10）；从选挡轴的摇臂上拆下连接拉杆和短选挡拉杆（见图2-11），从传递杆上拆下长选挡拉杆（见图2-12）。

（2）注意事项：拆卸蓄电池时，先负极后正极；拆下速度表软轴后，要将孔用橡胶堵盖封死。

（3）标准：13 mm套筒扳手。

图 2-1　拆卸蓄电池

图 2-2　拆卸起动机电源线

图 2-3　拆下暖风水管

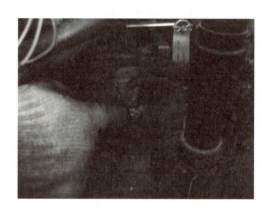

图 2-4　拆下变速器搭铁线

图 2-5　拆下速度表软轴

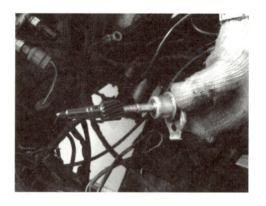

图 2-6　速度表软轴

图 2-7　速度表软轴孔

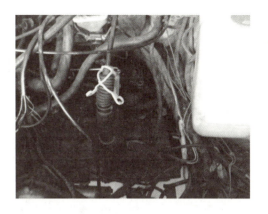

图 2-8　离合器拉线

图 2-9　离合器拉线固定销

图 2-10　固定销组件

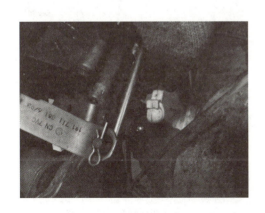

图 2-11　拆下短选挡拉杆

图 2-12　拆下长选挡拉杆

步骤 2　拆卸起动机、半轴及变速器

（1）操作方法：拆下起动机上部的连接螺栓（见图 2-13），拆下发动机与变速器上部两个固定螺栓（19 mm 套筒扳手）（见图 2-14），拆下变速器与支架相连的上部螺栓（见图 2-15），将车辆举升，用支架托住发动机（见图 2-16），拆下起动机下部的两个连接螺栓，将起动机拆下，注意拆时用手托着发动机，以免掉落；拆下变速器两端的输出半轴。拆下发动机与变速器下部连接螺栓（见图2-17、图2-18）；拆下变速器与支架相连的另外两个螺栓，将变速器拆下，变速器比较重，拆卸要用支架托住（见图2-19、图2-20、图2-21、图2-22、图2-23）。

（2）注意事项：注意拆下部螺栓时用手托着起动机，以免掉落。

（3）标准：起动机下部短螺栓用17 mm套筒扳手，长螺栓用16 mm套筒扳手。

图2-13　拆下起动机上部的连接螺栓

图2-14　拆下发动机与变速器上部固定螺栓

图2-15　拆下变速器与支架相连的上部螺栓

图2-16　用支架托住发动机

图2-17　拆下发动机与变速器下部连接螺栓

图2-18　起动机

图 2-19　拆下两端输出半轴

图 2-20　拆下变速器与支架相连的螺栓

图 2-21　拆下发动机与变速器下部连接螺栓

图 2-22　拆下变速器

图 2-23　变速器

步骤 3　拆卸离合器及更换离合器片

（1）操作方法：用 6 mm 梅花扳手拆下离合器总成固定螺栓（见图 2-24），检查离合器片，并更换（见图 2-25）。

（2）注意事项：离合器总成固定螺栓要按对角线顺序分 2 到 3 次旋松。

（3）标准：离合器从动盘检修标准如下：

①用游标卡尺测量铆钉头的深度。铆钉头的最小深度为 0.3 mm，超过该极限应该更换。

②在从动盘距外边缘2.5 mm处测量其端面跳动量不应大于0.5 mm，如果摆差过大，则应更换离合器从动盘。

③安装离合器从动盘时，应清洁变速器输入轴的花键及离合器从动盘的内花键孔，并涂抹一层G000100润滑脂。

图2-24 离合器总成

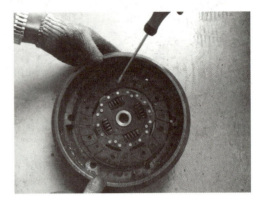

图2-25 离合器从动盘

安 装 步 骤

与拆卸步骤相反。

注意事项：

（1）安装前，检查离合器的接触表面，保持清洁。

（2）安装前，检查离合器紧固螺栓，如有损坏，及时更换。

（3）清洗变速器输入轴花键，并使用少量润滑脂G000100润滑花键。

（4）安装变速器时，应注意保证离合器从动盘准确定位。

（5）装复后进行离合器拉索功能检查。

五、项目验收

序号	考核内容	配分	评分标准	扣分	得分
1	正确使用工具、仪器	10	工具使用不当，一次扣2分		
2	正确拆装顺序，所有零件摆放整齐	10	拆装顺序错误，一次扣5分，摆放不整齐，一处扣2分		
	螺杆、螺母的检查		不检查，一次扣2分		
3	从动盘的检查	10	一处测量结果不正确，扣5分		
4	离合器装复前接触表面的检查	10	不检查，扣10分		
5	整理工具、清理现场	10	每项扣5分，扣完为止		
	安全文明生产		违规操作，发生事故，记0分		
6	分数合计	50			

项目 3 实训

拆装奥迪 012 型手动变速器

一、实训组织安排

（1）参考学时：4。
（2）实训分组：每 4 人一组。
（3）实训类型：操作。

二、实训目的及重点、难点

1. 实训目的

（1）会拆装奥迪 012 型手动变速器。
（2）巩固对手动变速器结构及工作原理的理解。
（3）加深理解手动变速器常见的故障诊断及排除方法。

2. 重、难点

重点：奥迪 012 型五挡手动变速器拆装方法及动力传递路线描述。
难点：奥迪 012 型五挡手动变速器拆装方法及同步器工作原理理解。

三、实训仪器设备及工具

1. 设备：奥迪 012 型手动变速器 5 台。
2. 工具：

专用工具	

放油螺塞拆卸工具（5 个）	轴承拉拔器（5 个）

续表

专用工具	
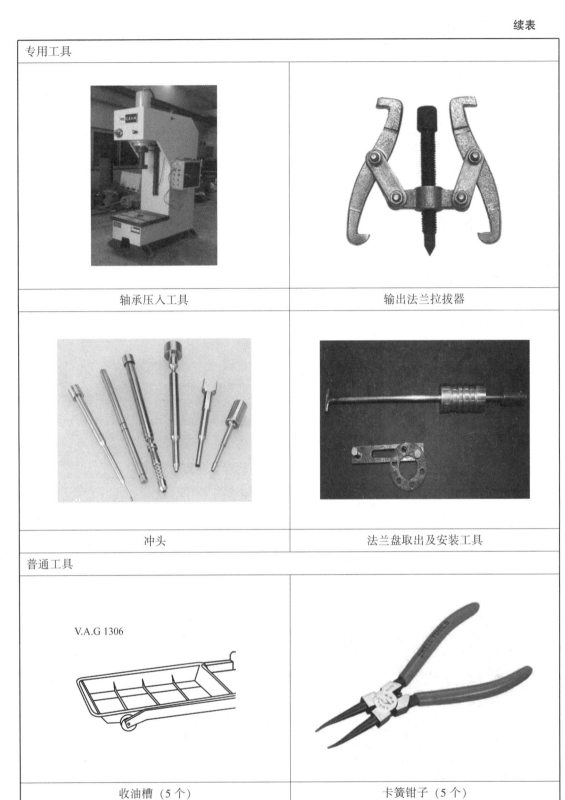	
轴承压入工具	输出法兰拉拔器
冲头	法兰盘取出及安装工具

普通工具	
V.A.G 1306 收油槽（5个）	卡簧钳子（5个）

续表

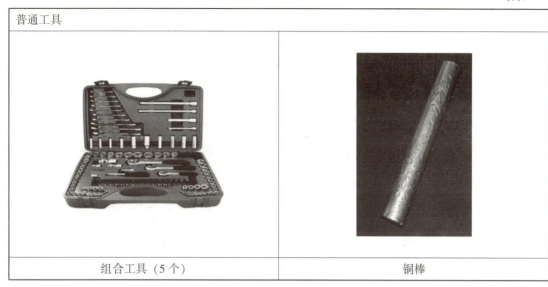

普通工具	
组合工具（5个）	铜棒

四、内容及步骤

步骤1　排放变速器齿轮油

（1）操作方法：将手动变速器平置于工作台，在变速器下部放置废油收集槽 V.A.G.1306，采用专用工具3357的套筒扳手拆下变速器壳体下表面的放油螺栓（见图3-1），泄放齿轮油，直至没有齿轮油从放油孔中流出按规定力矩旋紧放油螺栓。

（2）注意事项：将废弃齿轮油收集好统一回收，目测检查变速器下壳体表面有无损伤。

（3）标准：放油螺栓紧固力矩 25 N·m。

步骤2　拆卸离合器分离附属机构

（1）操作方法：将离合器分离板连同分离轴承一起拆卸，旋松下导向套固定螺栓将其拆下（见图3-2），接着取下盘形弹簧。

（2）注意事项：卡簧取出及安装时有一定危险性，所以采用卡簧钳子将卡簧微微张开，用护具做包裹，沿输入轴将卡簧缓慢取出，注意不要损伤输入轴花键。

（3）标准：导向管螺栓的紧固力矩为 15 N·m。

图3-1　拧松放油螺栓

图3-2　拆卸离合器分离附属机构

步骤3 拆卸变速器一轴球轴承

(1) 操作方法：拆下主动轴球轴承前面的卡簧（见图3-3）。使用专用工具 V. A. G. 1582 轴承拉拔器及 V. A. G. 1582/2 卡块儿，将1轴的球轴承从变速器壳中拉出（见图3-3、图3-4、图3-5）。采用卡簧钳子取出1轴轴承后的第2道卡簧（见图3-6）。

图3-3 拆卸卡簧

图3-4 拔出1轴球轴承

图3-5 球轴承

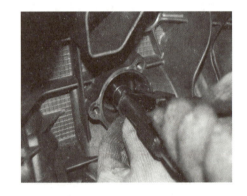

图3-6 取出1轴轴承后的第2道卡簧

(2) 注意事项：此操作应由双人完成，采用活动扳手夹持住专用工具固定位置，用套筒扳手缓慢旋入专用工具顶杆即可取出轴承，卡簧取出及安装时有一定危险性，所以采用卡簧钳子将卡簧微微张开，用护具做包裹，沿输入轴将卡簧缓慢取出，注意不要损伤输入轴花键。

(3) 标准：专用工具应夹紧轴承的内圈。

步骤4 拆卸变速器上壳体

(1) 操作方法：将变速器输入轴端垂直向下，竖起变速器，采用内梅花扳手按顺序拆下左右箱体之间的连接螺栓（见图3-7），将变速器壳体取下。

(2) 注意事项：按照对角线顺序，分几次旋松壳体的紧固螺栓，将拆卸下来的螺栓放置于规定位置。

(3) 标准：螺栓的紧固力矩为，铝制：长度45 mm，25 N·m；镁制：长度48 mm，20 N·m。

步骤5 拆卸变速器附属件

（1）操作方法：拆下多功能开关的固定螺栓，将多功能开关取下，拆下换挡横轴的2个止动螺栓，拆卸车速传感器（见图3-8、图3-9、图3-10）。

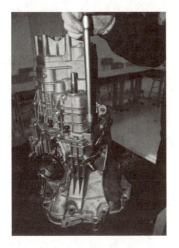

图3-7 拆卸变速器上壳体螺栓

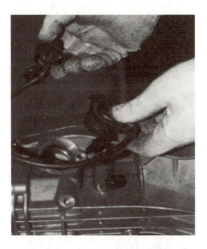

图3-8 拆卸变速器附属件

图3-9 拆卸多功能开关

图3-10 取下车速传感器

（2）注意事项：注意采用一字螺丝批轻撬后取下多功能开关。拆卸车速传感器时，需要下压并旋转其后端方可取出。将拆卸下来的附属件放置于规定位置。

（3）标准：

多功能开关螺栓紧固力矩为10 N·m，换挡横轴止动螺栓紧固力矩为40 N·m。

步骤6 拆卸变速器换挡锁止机构

（1）操作方法：拆下倒挡锁固定螺栓（见图3-11），将其取下，再拆下自锁机构的固定螺栓（见图3-12），将其取下。

（2）注意事项：拆卸下换挡锁止机构后，仔细观察其完好程度。

（3）标准：倒挡锁螺栓紧固力矩为10 N·m；自锁装置螺栓紧固力矩为25 N·m。

步骤7 拆卸变速机构及换挡操纵机构

（1）操作方法：用双手紧握住输入、输出轴以及换挡操纵机构的换挡轴、换挡横轴和内换挡轴，将其一同从壳体内拔出（见图3-13）。拆下内换挡轴座的紧固螺栓（见图3-14），取下轴座。

图3-11 拆卸倒挡锁

图3-12 拆卸自锁

图3-13 拔出输入、输出轴

图3-14 取下轴座

（2）注意事项：应由两人配合操作，齿轮较锋利，注意不要割伤手指，将拆卸下来的变速机构及换挡操纵机构放置于规定位置。

（3）标准：内换挡轴座螺栓的紧固力矩为20 N·m。

步骤8　拆卸左、右法兰盘及法兰盘后端盖

（1）操作方法：采用法兰盘专用取出工具，将左、右半轴法兰拉出后（见图3-15），拆下法兰盘后端盖固定螺栓（见图3-16），利用铜棒和锤子将法兰后端盖敲击取下（见图3-17、图3-18）。

（2）注意事项：应由两人配合完成此操作，使用专用取出工具时要注意连接牢固后方可进行操作，按照对角线顺序，分几次旋松法兰后端盖的紧固螺栓，将拆卸下来的螺栓放置于规定位置。敲击法兰端盖的非工作面的拆卸凸缘将其取下。

（3）标准：注意安装位置，螺栓要按照对角线顺序按照规定力矩旋紧，紧固力矩25 N·m。

步骤9　拆卸差速器总成

（1）操作方法：用双手握住差速器，将差速器总成取出，放置于指定位置。

（2）注意事项：差速器表面会含有齿轮油油膜，较光滑，需要拿稳、轻放。

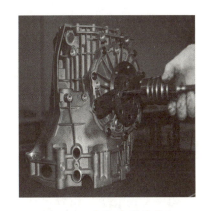

图 3-15 拆卸左右法兰盘

图 3-16 拆下法兰盘后端盖固定螺栓

图 3-17 取下法兰后端盖

图 3-18 取出差速器总成

安 装 步 骤

与拆卸步骤相反。

五、项目验收

序号	考核内容	配分	评分标准	扣分	得分
1	正确使用工具、仪器	10	工具使用不当，一次扣 2 分		
2	正确拆装顺序，所有零件摆放整齐	20	拆装顺序错误，一次扣 5 分；摆放不整齐，一处扣 2 分		
3	能够正确回答各挡位的动力传递路线	20	选择两个挡位，每个挡位 10 分		
4	认识零件，选取拆卸下的元件指认，并说出作用	20	名字错误，每个扣 5 分，说出作用，酌情加分		
5	组装变速器总成	20	组装顺序错误，一次扣 5 分		
6	整理工具，清理现场 安全文明生产	10	每项扣 5 分，扣完为止 违规操作，发生事故，记 0 分		
	分数合计	100			

项目 4 实训 -1

拆装丰田自动变速器

一、实训组织安排

（1）参考学时：4。
（2）实训分组：每 4 人一组。
（3）实训类型：操作。

二、实训目的及重点、难点

1. 实训目的

（1）会拆装丰田自动变速器。
（2）巩固对辛普森式自动变速器结构及工作原理的理解。
（3）加深理解辛普森式自动变速器常见的故障诊断及排除方法。

2. 重、难点

重点：丰田自动变速器的拆装方法，各挡动力传递路线。
难点：丰田自动变速器工作原理的理解。

三、实训仪器设备及工具

（1）设备：丰田自动变速器 5 台。
（2）工具：

	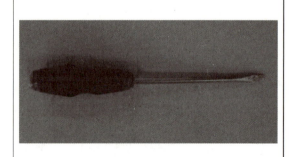
组合工具（5 套）	一字螺丝刀（5 把）

四、内容及步骤

步骤1　排放变速器齿轮油

（1）操作方法：将自动变速器固定到工作台的旋转支架上，用工具旋松油底放油螺栓，放出全部 ATF（见图 4-1）。

（2）注意事项：旋松油底放油螺栓，用油盘收好。

（3）标准：安装时紧固力矩为 15 N·m。

步骤2　拆卸油泵

（1）操作方法：用工具拆下自动变速器油泵固定螺栓，将 M12 螺栓拧入取出油泵（见图 4-2）。

图 4-1　放油螺栓　　　　　图 4-2　拆卸油泵

（2）注意事项：不能用扳手将 M12 螺栓拧入的方法顶出油泵，以免损坏变速器壳体。

（3）标准：安装时紧固力矩为 15 N·m。

步骤3　拆卸前端行星齿轮机构

（1）操作方法：拔出变速器输入轴（输入轴与离合器 C1 相连）（见图 4-3），取下离合器 C2。用一字螺丝刀松开带式制动器 B1（见图 4-4），从变速器壳体中依次取出前齿圈（见图 4-5）及滚针推力轴承、前行星架及滚针推力轴承，取出公共太阳轮（见图 4-6）。

图 4-3　拔出变速器输入轴　　　　　图 4-4　松开带式制动器

图4-5 取出前齿圈

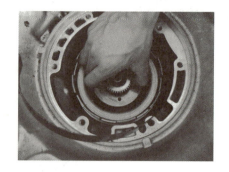
图4-6 取出公共太阳轮

步骤4 拆卸B2活塞

(1) 操作方法：用一字螺丝刀取下活塞限位卡簧（见图4-7），取出活塞及制动器B2的回位弹簧（见图4-8）。

(2) 注意事项：在拆卸卡簧时用手挡着点以免伤人。

图4-7 取下活塞限位卡簧

图4-8 取出F1及B2的回位弹簧

步骤5 拆卸后端行星齿轮机构

(1) 操作方法：取出单项离合器F1及滚针推力轴承、制动器B2。用一字螺丝刀取下单向离合器F2的限位卡簧（见图4-9），取出单向离合器F2及后行星架总成（见图4-10），用一字螺丝刀取下制动器B3的限位卡簧（见图4-11），取出制动器B3及后齿圈（见图4-12）。

图4-9 取下F2的限位卡簧

图4-10 取出F2及后行星架总成

图 4-11 取下 B3 的限位卡簧

图 4-12 取出 B3 及后齿圈

（2）注意事项：B2 的钢片 4 片、摩擦片 3 片，B3 的钢片 7 片、摩擦片 6 片。

（3）标准：安装时紧固力矩为 15 N·m。

步骤 6　拆卸超速行星排

（1）操作方法：翻转变速器，用工具（小棘轮、小接杆、套筒）拆下变速器后端盖的固定螺栓。取下后端盖（见图 4-13），用一字螺丝刀取下后端盖中制动器 B0 回位弹簧的限位卡簧（见图 4-14），依次取出制动器 B0 的回位弹簧、制动器 B0、超速行星排太阳轮及超速排离合器 C0。从壳体后部取下超速行星排活塞、超速排行星架及单项离合器 F0（见图 4-15）。

图 4-13 拆卸后端盖螺栓

图 4-14 取下 B0 的限位卡簧

图 4-15 取下超速行星排

（2）注意事项：按对角线顺序旋松，以免变速器壳体变形。

（3）标准：套筒大小为 12 mm。

安 装 步 骤

与拆卸步骤相反。

五、项目验收

序号	考核内容	配分	评分标准	扣分	得分
1	正确使用工具、仪器	10	工具使用不当，一次扣 2 分		
2	正确拆装顺序，所有零件摆放整齐	20	拆装顺序错误，一次扣 5 分；摆放不整齐，一处扣 2 分		
3	能够正确回答各挡位的动力传递路线	20	选择两个挡位，每个挡位 10 分		
4	认识零件，选取拆卸下的元件指认，并说出作用	20	名字错误，每个扣 5 分，说出作用，酌情加分		
5	组装变速器总成	20	组装顺序错误，一次扣 5 分		
6	整理工具，清理现场	10	每项扣 5 分，扣完为止		
	安全文明生产		违规操作，发生事故，记 0 分		
	分数合计	100			

项目 4 实训 -2

拆装 01M 自动变速器

一、实训组织安排

（1）参考学时：4。
（2）实训分组：每 4 人一组。
（3）实训类型：操作。

二、实训目的及重点、难点

1. 实训目的

（1）会拆装 01M 型自动变速器。
（2）巩固对拉维纳式自动变速器结构及工作原理的理解。
（3）加深理解拉维纳式自动变速器常见的故障诊断及排除方法。

2. 重、难点

重点：01M 自动变速器的拆装方法，各挡动力传递路线。
难点：01M 自动变速器工作原理的理解。

三、实训仪器设备及工具

（1）设备：01M 自动变速器 5 台。
（2）工具：

| 专用工具 3373（5 套） | 组合工具（5 套） |

四、内容及步骤

步骤1　排放变速器齿轮油并拆卸油底壳

(1) 操作方法：将自动变速器固定到工作台的旋转支架上，在变速器下部安放好废油收集器，旋松油底放油螺栓并拧下溢流管（见图5-1），泄放全部ATF并用油盘收好。安装溢流管，将其拧至台肩处，旋紧放油螺栓。旋松油底壳固定螺栓，并取下油底壳（见图5-2）。

(2) 注意事项：旋松油底放油螺栓，用油盘收好。

(3) 标准：安装时紧固力矩为15 N·m。

图5-1　放油螺栓

图5-2　拆卸油底壳

步骤2　拆卸阀体

(1) 操作方法：拆下ATF滤清器（见图5-3）。采用专用工具3373插入电磁阀插头底部，向上轻撬电磁阀插头将其取下（见图5-4），旋松并取下线束固定螺栓。向外拉出手动阀并断开操纵杆（见图5-5），拆卸变速器阀体的固定螺栓（见图5-6），将阀体取下（见图5-7）。取出制动器B1油道密封圈（见图5-8）。

(2) 注意事项：安装时需要在安装制动器B1之后才可以将密封圈压入。

(3) 标准：线束固定螺栓安装时紧固力矩为10 N·m，阀体固定螺栓安装时紧固力矩为10 N·m。

图5-3　拆卸ATF滤清器

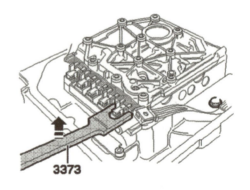

图5-4　拆卸电磁阀插头

图 5-5 拉出手动阀

图 5-6 拆卸变速器阀体的固定螺栓

图 5-7 取下阀体

图 5-8 取下 B1 油道密封圈

步骤 3　拆卸变速器后端盖

（1）操作方法：旋松后端盖紧固螺栓，拆下变速器的后端盖（见图 5-9）。

（2）标准：端盖螺栓安装时紧固力矩为 15 N·m。

步骤 4　拆卸油泵

（1）操作方法：按照对角线顺序依次拆下变速器油泵固定螺栓（见图 5-10）。将 2 个 M8 螺栓拧入自动变速器油泵螺栓孔内，旋转一定角度后取出自动变速器油泵（见图 5-11），取出油泵后应该观察一下油泵的密封圈和密封垫。

图 5-9 拆下变速器的后端盖

图 5-10 拆卸变速器油泵固定螺栓

(2) 注意事项：油泵盖具有两个提供拆卸的螺纹孔，但不能用扳手将 M8 螺栓拧入的方法顶出油泵，以免损坏变速器壳体。

(3) 标准：安装时紧固力矩为 8 N·m。

步骤 5　拆卸制动器 B2 及离合器总成

(1) 操作方法：将带有隔离套筒、制动器 B2、弹簧和弹簧盖的输入轴拔出，依次取下制动器 B2、回位弹簧、弹簧座及支撑管和隔离套、离合器 C2（见图 5-12）。

(2) 注意事项：在 B2 中具有的金属片数目为 8 片，摩擦片数目为 6 片，其中与 B2 活塞接触的第一片为波浪形钢片，接着为 2 mm 钢片，厚度是 3 mm 的钢片位于最后。

图 5-11　取出自动变速器油泵

图 5-12　取出制动器 B2 及离合器总成

步骤 6　拆卸行星齿轮机构

(1) 操作方法：用一字螺丝旋具插入大太阳轮孔内，以固定行星齿轮机构（见图 5-13），旋松并取下行星架输入轴紧固螺栓及垫片（见图 5-14），取出行星架输入转毂（见图 5-15）及推力滚针轴承（见图 5-16），取出小太阳轮输入转毂（见图 5-17）及推力滚针轴承，在壳体外部拆卸并取下变速器转速传感器 G38（见图 5-18），取出大太阳轮及推力滚针轴承（见图 5-19），用一字螺丝批取下变速器隔离套筒的限位卡簧和单向离合器限位卡簧（见图 5-20），用钳子夹住单向离合器定位键，从变速器壳体中取出带倒挡制动器 B1 活塞的单向离合器（见图 5-21），取出膜片弹簧（见图 5-22），取出倒挡制动器 B1 的钢片、摩擦片（见图 5-23、图 5-24）。

图 5-13　一字螺丝旋具插入大太阳轮

图 5-14　旋松并取下行星架输入轴紧固螺栓

图 5-15 取出行星架输入转毂

图 5-16 取出推力滚针轴承

图 5-17 取出小太阳轮输入转毂

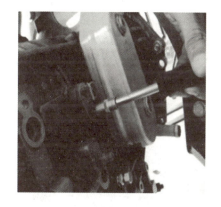

图 5-18 取下变速器转速传感器 G38

图 5-19 取出大太阳轮

图 5-20 取出限位卡簧

图 5-21 取出单向离合器

图 5-22 取出膜片弹簧

图 5-23 取出 B1 的钢片

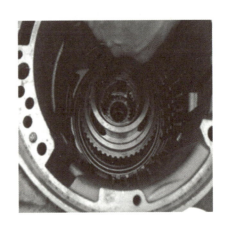
图 5-24 取出摩擦片

(2) 注意事项：为防止拆装卡簧时发生弹射的危险，需要使用双手握住卡簧，小心取出及安装。

(3) 标准：输入轴紧固螺栓安装时紧固力矩为 30 N·m，转速传感器固定螺栓安装时紧固力矩为 8 N·m。在 B1 中具有金属片数目为 6 片，摩擦片数目为 5 片，其中与 B1 活塞接触的第一片为压盘，接着为摩擦片，位于最后一片的为金属调整垫片。

步骤 7　拆卸轴承及齿圈总成

(1) 操作方法：挂入停车锁止装置将齿圈固定，采用 22 mm 接头和套筒拆除变速器壳体后部的一个齿圈固定螺母后（见图 5-25），将蝶形弹簧和调整垫圈取下，拿出轴承及齿圈总成（见图 5-26）。

(2) 注意事项：先装入轴承，之后再安装齿圈。

(3) 标准：安装时齿圈紧固螺母的紧固力矩为 250 N·m。

图 5-25 旋下齿圈固定螺母

图 5-26 拆卸轴承及齿圈总成

安 装 步 骤

与拆卸步骤相反。

五、项目验收

序号	考核内容	配分	评分标准	扣分	得分
1	正确使用工具、仪器	10	工具使用不当,一次扣2分		
2	正确拆装顺序,所有零件摆放整齐	20	拆装顺序错误,一次扣5分;摆放不整齐,一处扣2分		
3	能够正确回答各挡位的动力传递路线	20	选择两个挡位,每个挡位10分		
4	认识零件,选取拆卸下的元件指认,并说出作用	20	名字错误,每个扣5分,说出作用,酌情加分		
5	组装变速器总成	20	组装顺序错误一次扣5分		
6	整理工具,清理现场	10	每项扣5分,扣完为止		
	安全文明生产		违规操作,发生事故,记0分		
	分数合计	100			

项目 7 实训

四轮定位

一、实训组织安排

（1）参考学时：2。
（2）实训分组：每 5 人一组。
（3）实训类型：操作。

二、实训目的及重点、难点

1. 实训目的

（1）会使用四轮定位仪检查车辆定位参数，并调整不正确的车轮外倾角及前束。
（2）加深理解定位参数不正确引起的故障现象。

2. 重、难点

重点：四轮定位仪的操作方法。
难点：车轮定位参数的调整方法。

三、实训仪器设备及工具

（1）设备：四轮定位仪 1 台，举升架 1 台，捷达轿车 1 台。

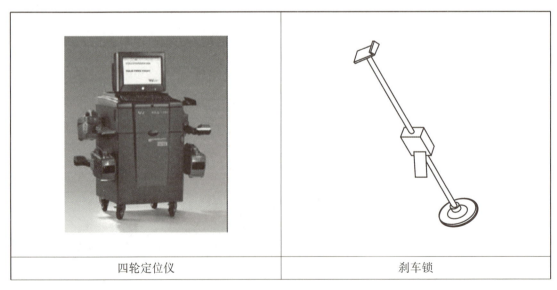

| 四轮定位仪 | 刹车锁 |

续表

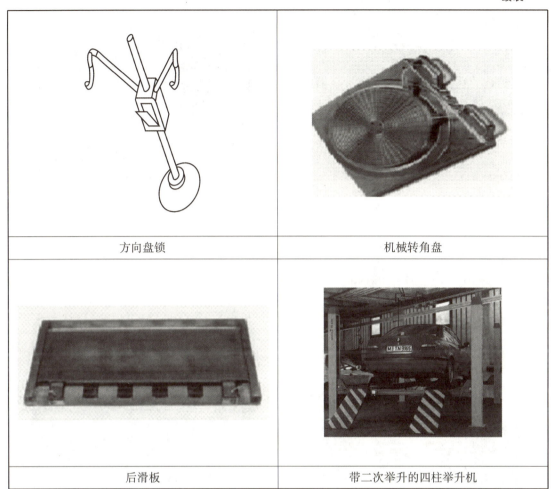

方向盘锁	机械转角盘
后滑板	带二次举升的四柱举升机

(2) 工具：18 mm、19 mm、24 mm 扳手各一个。

四、内容及步骤

步骤1　将车停在举升架上

(1) 注意事项：将车停在举升机上，将车辆熄火，拉上手刹，摇下左前侧车窗玻璃（见图6-1）。

(2) 标准：检查车轮的胎压、轮胎花纹的磨损情况以及车辆的前、后轴距是否一致。将车停在举升架上，要保证车身摆正，两前轮要落在两转角盘的中心上，同时转角盘的圆盘要均匀分布在轮胎的两侧。

步骤2　安装卡具

(1) 注意事项：注意卡具的安装位置，挂上安全挂钩防止卡具脱落（见图6-2）。

图 6-1　举升汽车　　　　　　　　图 6-2　安装卡具

（2）标准：尽量保持夹具垂直于水平面。

步骤 3　安装传感器并调整定位仪

（1）操作方法：将四个传感器按标号分别安装在四个夹具上（见图 6-3），并用电缆将传感器与传感器及传感器与操作仪进行连接（见图 6-4）。

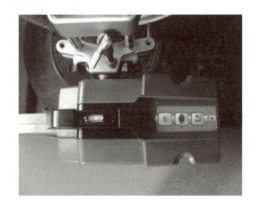

图 6-3　安装传感器　　　　　　　　图 6-4　调整定位仪

（2）注意事项：四根电缆的长度不同，注意安装位置，两根短的电缆线用来连接一侧的两个传感器，两根长的电缆用来连接两侧的传感器与操作仪。电缆连接好之后，拔掉转角盘和后滑板上的固定销。拧紧卡具固定旋钮，保证水平气泡处在中间，即传感器保持水平。四个传感器对应的车轮分别是：1 号为左前车轮，2 号为右前车轮，3 号为左后车轮，4 号为右后车轮。

（3）标准：保证水平气泡处在中央的位置即传感器保持水平。

步骤 4　操作定位仪

操作方法：

①打开电脑，进入定位仪操作界面。

②输入车辆的基本信息（见图 6-5）。

③选择相应的车型（见图 6-6）。

注意事项：国产车型在车型资料来源选项中选择"USER"。

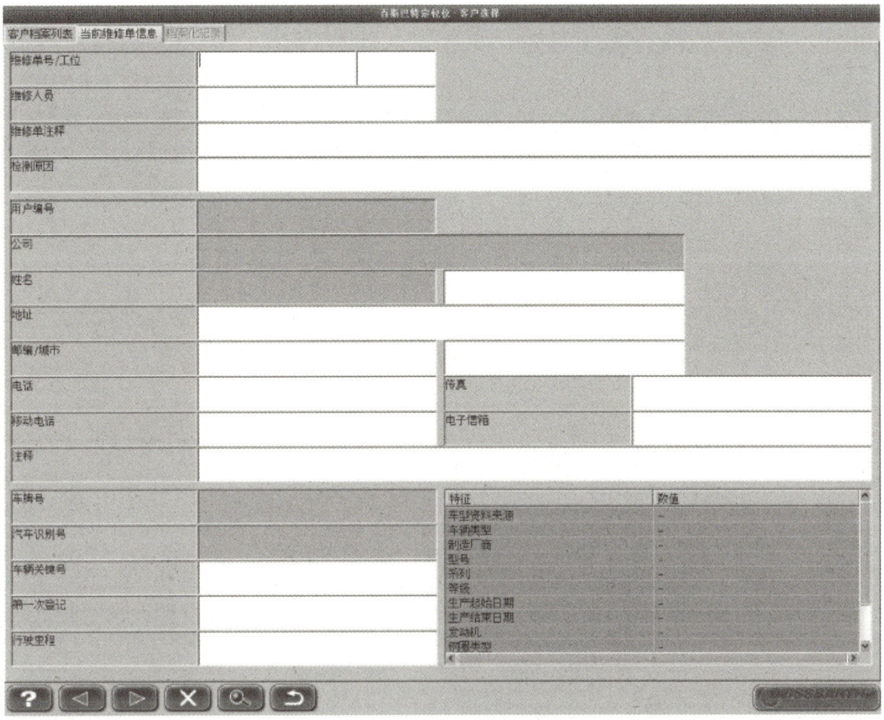

图 6 – 5　输入车辆信息

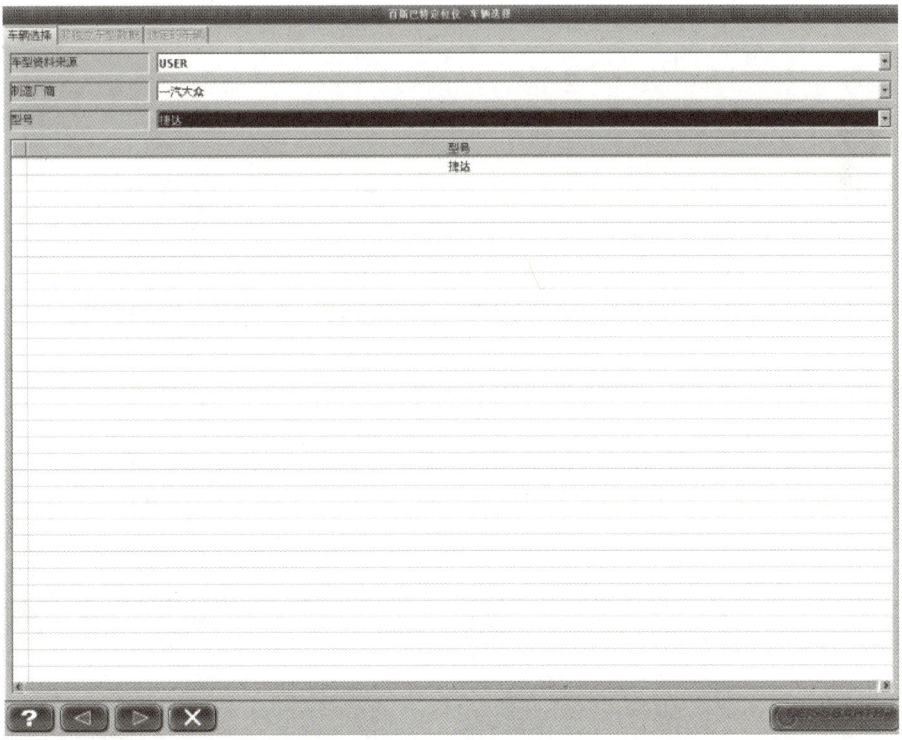

图 6 – 6　选择车型

④单击前进键，此时出现所选车型的标准定位值（见图 6 – 7）。

图6-7 车辆标准定位值

⑤单击前进键跳过车型资料和准备工作界面,进入常规检测界面(见图6-8)。

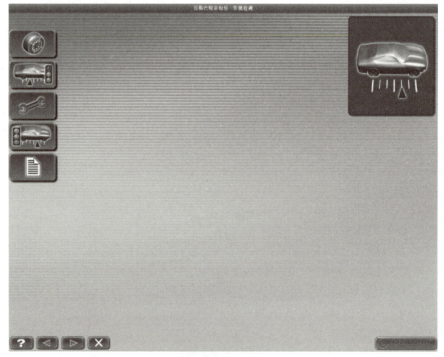

图6-8 检测界面

⑥单击轮偏位补偿键,进行偏位补偿(见图6-9、图6-10)。

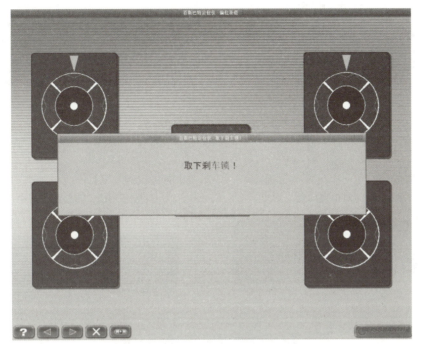

图 6-9 偏位补偿

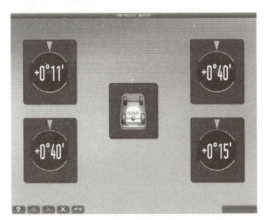

图 6-10 偏位补偿值

注意事项：钢圈损坏程度较严重时，需要做偏位补偿，也叫轮辋补偿。

轮辋补偿的步骤：将车辆进行二次举升，此时车轮腾空。顺着车轮的前进方向将车轮旋转90°，将传感器调整水平，单击偏位补偿键，重复此操作4次后，单击传感器上的"M"键，计算数值。四个车轮均做一次，顺序随意。

步骤5　调整前检测

操作方法：

①单击前进键，对中方向盘（见图6-11），调整传感器使之保持水平（见图6-12、图6-13、图6-14）。重复操作一次后，此时屏幕上出现测量得到的前轴前束（见图6-15、图6-16）。

注意事项：转动方向盘时速度要尽量慢些。

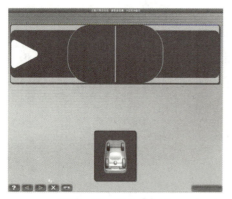
图6-11 对中方向盘

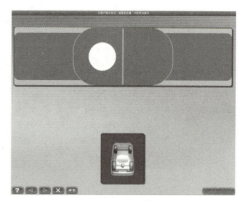
图6-12 方向盘已对中

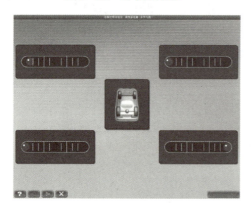
图6-13 调整水平尺

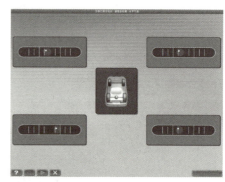
图6-14 水平尺对中

图6-15 车辆前束值

标准：转动方向盘和调整传感器水平时使界面中的深底色区域变成浅底色。

②按前进键，此时出现调整前的检测数据。

注意事项：深底色部分在屏幕中显示为红色，其数据表示需要调整；浅底色部分在屏幕中显示为绿色，其数据表示合格的数值（见图6-17）。

③继续单击前进键，调整传感器水平进入到测量后轮数据步骤，等到测量结束后，屏幕自动显示出所有的测量数据。

注意事项：红色数据表示需要调整，绿色的数据表示合格的数值。

④单击前进键，进入前轴数据测量过程（见图6-18、图6-19）

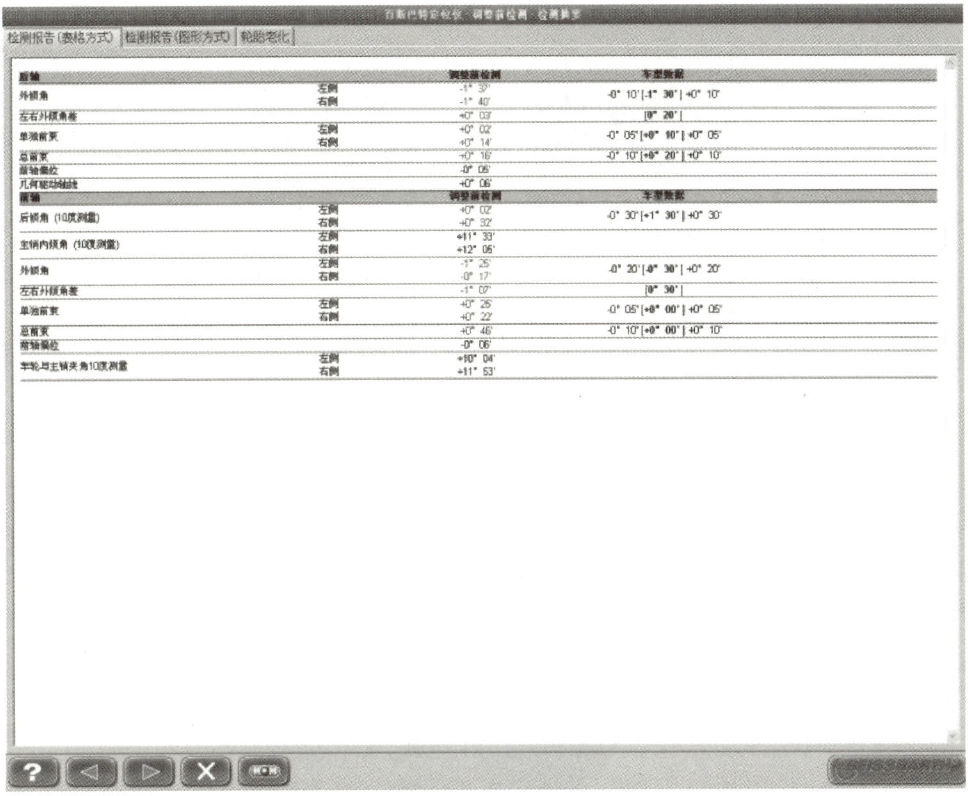

图 6-16 检测数据

注意事项：此时需将方向盘和刹车进行固定。

图 6-17 所有测量数据

图 6-18 数据测量

步骤 6　定位调整

（1）操作方法：根据测量出来的各种参数对汽车进行调整（见图 6-20、图 6-21）。

（2）注意事项：注意测量车辆的结构特点。

（3）标准：调整之后的数据应在公差范围内。

步骤 7　调整后检测

（1）操作方法：单击检测报告键，此时屏幕中出现调整后的检测报告（见图 6-22）。

图 6-19 测量结果

图 6-20 调整前束

图 6-21 调整主销定位角

图 6-22 调整后的检测报告

（2）注意事项：如果在调整后测量值中，存在可以调整的参数的数据不合格，则还需要返回到定位调整步骤重新进行调整。其余步骤与调整前检测的步骤相同。最后将测量结果保存、打印下来。

（3）标准：调整后的检测报告中所有可调整的数据应为绿色，即在标准范围内。

步骤8　清理实训场地

操作方法：关闭操作系统，落下四柱举升机，将操作仪、工具及车辆放置到指定位置。

五、项目验收

序号	考核内容	配分	评分标准	扣分	得分
1	正确连接仪器	10	工具使用不当，一次扣2分		
2	正确输入数据，选择车型	10	错误处每处扣2分		
3	检测过程中正确操作软件	40	每一步错误处扣5分		
4	调整前束数值	20	操作错误，每处扣5分		
5	再次测量	10	按操作，错误处扣5分		
6	整理工具，清理现场	10	每项扣5分，扣完为止		
	安全文明生产		违规操作，发生事故，记0分		
	分数合计	100			

项目 8 实训 –1
扒胎机的使用

一、实训组织安排

（1）参考学时：2。
（2）实训分组：每 4 人一组。
（3）实训类型：操作。

二、实训目的及重点、难点

1. 实训目的

（1）掌握扒胎机的使用方法。
（2）巩固对车轮及轮胎结构的理解。
（3）加深理解对轮胎异常磨损故障的诊断及排除方法。

2. 重、难点

重点：扒胎机的使用方法。
难点：扒胎机操作使用时的注意事项。

三、实训仪器设备及工具

（1）设备：扒胎机（见图 7 – 1、图 7 – 2）。
（2）工具：

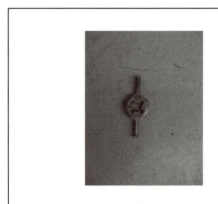	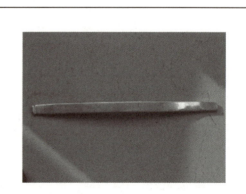
气钥匙	撬棍

续表

	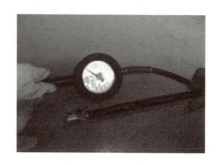
润滑膏	胎压表

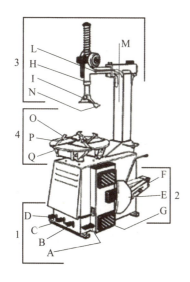

图 7-1 扒胎机示意图

图 7-2 扒胎机

四、内容及步骤

1. 设备主体功能部分说明

（1）控制踏板（见图 7-3）。

A：转换踏板，机身两侧都有，踩下后转换卡盘转动的方向。

B：轮胎挤压臂踏板，踩下后拉动挤压臂 E，实现轮胎胎侧挤压。

C：张开/闭合盘上卡爪踏板。

D：控制柱子俯/仰位置踏板。

（2）轮胎挤压装置（见图 7-4）。

图7-3 控制踏板A、B、C、D　　　　图7-4 轮胎挤压装置

F：轮胎挤压臂。

E：轮胎挤压板。

G：保护支撑垫。

(3) 立柱上相关装置（见图7-5）。

M：可俯仰的立柱，工作期间可以令柱子俯仰，便于装卡和取下车轮。

L：气动锁止手柄，旋此手柄可以锁定扒胎臂位置柱。

H：带气动装置的扒胎臂，可以用气动手柄将扒胎臂上下、前后移动后，锁定在工作位置。

I：内嵌式滚轮，内嵌式滚轮可加塑料套，可防止损害钢圈。

N：扒胎装置，扒胎鸟头用于拆装轮胎。

(4) 自定心卡盘（见图7-6）。

图7-5 立柱　　　　图7-6 自定心卡盘

P：卡具滑轨。

O：卡具，卡爪可以安装塑料保护套。

Q：工作转盘。

（5）附加臂。

对于扁平率比较低的轮胎，可以使用压杆和压盘对轮胎侧壁充分旋转挤压，便于轮胎拆装。

2. 拆胎步骤

1）将轮胎内的气放干净（见图7-7）。

2）去掉钢圈上所有铅块。

3）将轮胎放到图7-9所示位置，反复转动轮胎并压下E，踩下B，使轮胎和钢圈彻底分离（见图7-8、图7-9）。

图7-7 轮胎放气

图7-8 B踏板

4）将钢圈放在卡盘L上，踩下踏板C，锁住钢圈（见图7-10）。

图7-9 分离轮胎与钢圈

图7-10 轮胎安装位

5）在轮胎内圈抹好润滑脂。

6）将拆装臂拉下，使卡头内滚轮与钢圈边缘贴住，用H杆将扒胎臂卡紧（见图7-11）。

7）用撬棍将轮胎挑起（见图7-12）。踩下踏板C，使卡盘旋转，将一侧轮胎扒出。

图 7-11　扒胎臂卡紧轮胎

图 7-12　撬棍挑起轮胎

8）用相同的方法将另一侧轮胎扒出。

9）如果轮胎较大，拆装时可以踏下踏板 D 使立柱俯/仰，便于工作。

10）对于扁平率比较低的轮胎，可以使用压杆和压盘对轮胎侧壁充分旋转挤压，便于轮胎拆装。

3. 安装轮胎

1）先在轮胎内侧边缘涂抹润滑脂。

2）用分拆胎同样的方法将钢圈固定在卡盘上，将轮胎放到钢圈上沿上，并确定好气眼位置。

3）移动拆装臂压住轮胎边缘。踩下踏板，逐渐将轮胎压入钢圈内。

4）用同样的方法将上侧轮胎压入钢圈，完成轮胎安装。

5）可使用附加臂压盘压杆协助工作。

注意：轮胎充气时一定要注意安全。要注意观察压力表。以免轮胎跳起，造成人员伤害。必要时可以安装安全带。

五、项目验收

序号	考核内容	配分	评分标准	扣分	得分
1	正确回答扒胎机各部分名称及作用	20	名字错误，每个扣 5 分，说出作用，酌情加分		
2	扒胎前轮胎检查	10	错误处，每处扣 5 分		
3	扒胎机的操作	30	每一步错误处扣 5 分		
4	轮胎规格问答	10	回答错误，每处扣 2 分		
5	轮胎安装	20	按操作，错误处扣 5 分		
6	整理工具，清理现场 安全文明生产	10	每项扣 5 分，扣完为止 违规操作，发生事故，记 0 分		
	分数合计	100			

项目 8 实训 –2
车轮动平衡

一、实训组织安排

（1）参考学时：2。
（2）实训分组：每 4 人一组。
（3）实训类型：操作。

二、实训目的及重点、难点

1. 实训目的

（1）能够独立操作车轮动平衡机。
（2）理解车轮动平衡原理。
（3）能够根据轮胎异常磨损现象，分析其发生原因。

2. 重、难点

重点：车轮动平衡机的使用方法及轮胎异常磨损分析。
难点：车轮动平衡机的使用及动平衡的工作原理理解。

三、实训仪器设备及工具

1. 设备

大众专用动平衡机 VAS6202	轮胎

2. 工具

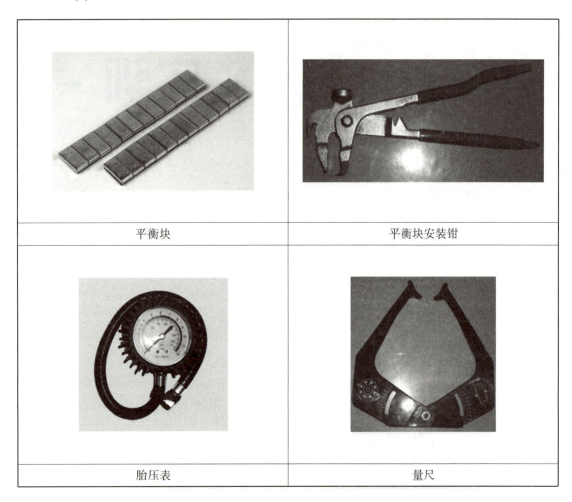

平衡块	平衡块安装钳
胎压表	量尺

四、内容及步骤

1. 设备主体功能部分说明

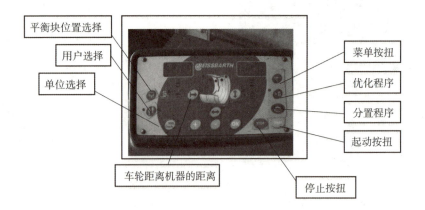

2. 操作步骤

步骤1　清理轮胎

（1）操作方法：对被测车轮进行清洁，去掉泥土、砂石，拆掉旧平衡块（见图8-1）。将轮胎充气至规定的气压值。

（2）注意事项：轮胎的气压达到该车型的标准。

步骤2　安装车轮

（1）操作方法：将被检测的车轮置于工作台上，选择合适的卡具将轮胎固定（见图8-2）。

（2）注意事项：选择合适的锥体，卡具要安装到位。

图8-1　清理轮胎

图8-2　安装车轮

步骤3　打开电源，输入所操作轮胎的特征数据

（1）操作方法：打开电源开关，检查指示装置是否指示正确。测出轮辋直径、宽度（见图8-3），测出动平衡机到轮辋边缘之间的距离（见图8-4），键入测量出的所有数值（见图8-7）。操作模式选择按钮，设置动平衡块安装位置（见图8-5、图8-6）。

（2）注意事项：注意输入数据的单位，是英寸还是毫米。平衡块安装位置与车轮状态及平衡块类型有关。

图8-3　测量轮辋宽度

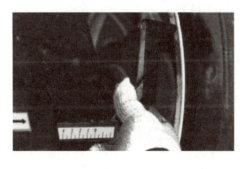

图8-4　测量动平衡机到轮辋距离

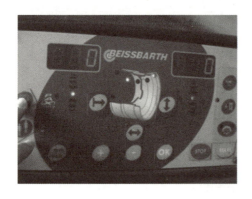
图8-5 选择平衡块安装位置（内-外）

图8-6 选择平衡块安装位置（内-内）

图8-7 输入数据

步骤4　起动动平衡仪并安装铅块

（1）操作方法：起动开始按钮（见图8-8），到车轮自然停止转动。显示屏上显示出左右车轮平衡块的克数。在相应的位置安装铅块（见图8-9）。

（2）注意事项：车轮旋转时远离，注意安全。

（3）标准：旋转车轮，显示深底色（绿色）的位置为正确的铅块安装位置。

图8-8 起动动平衡仪

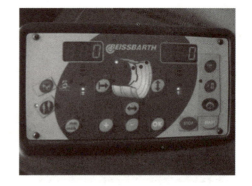
图8-9 寻找平衡块安装位置

步骤5　再次执行动平衡操作

（1）操作方法：重新起动动平衡机，再次进行动平衡试验。

（2）注意事项：车轮旋转时远离，注意安全。

(3) 标准：循环操作，直到动不平衡量小于 5 g 为止。

步骤 6　关闭电源，拆下车轮

(1) 操作方法：拆下卡具，将轮胎取下，把测量工具放回原来位置。

(2) 注意事项：不要磕碰轮辋。

五、项目验收

序号	考核内容	配分	评分标准	扣分	得分
1	清理轮胎	20	缺少一项扣 5 分，无操作扣 10 分		
2	正确安装轮胎	10	工具使用不当，一次扣 2 分		
3	正确测量及输入数据	30	错误处每处扣 5 分		
4	安装平衡块	20	找到位置，安装平衡块，内侧外侧各 10 分		
5	再次测量	10	无此操作不给分		
6	整理工具，清理现场	10	每项扣 5 分，扣完为止		
	安全文明生产		违规操作，发生事故，记 0 分		
	分数合计	100			

项目 9 实训

更换前后减震器及弹簧

一、实训组织安排

(1) 参考学时：2。
(2) 实训分组：每 5 人一组。
(3) 实训类型：操作。

二、实训目的及重点、难点

1. 实训目的

(1) 会更换轿车前、后悬架弹簧。
(2) 巩固对悬架系统的结构组成的理解。
(3) 加深理解悬架常见的故障诊断及排除方法。

2. 重、难点

重点：前、后悬架弹簧的拆装方法。
难点：前、后悬架弹簧拆装时的注意事项。

三、实训仪器设备及工具

(1) 设备：捷达轿车一辆。
(2) 工具：

专用工具	

减震器拆装工具（97103）4 个	减震器拆装工具（97102）4 个

续表

专用工具	
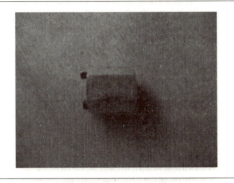 减震器弹簧拆装工具 4 个	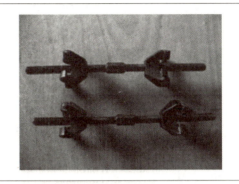 减震器弹簧压缩工具 4 组
普通工具	
 活口扳手（8 个）	 17 mm，18 mm，19mm 开口扳手（4 对）
 十字扳手（4 个）	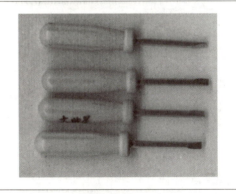 一字螺丝旋具（4 个）

四、内容及步骤

拆 卸 步 骤

步骤 1　停放车辆，拆卸车轮

（1）操作方法：把车辆停放在举升机上，取下车轮装饰罩，旋松轮胎紧固螺栓（见

图 9-1），把车辆支起，取下车轮。

（2）注意事项：旋松轮胎紧固螺栓后再举升车辆，举升车辆前，找准车辆的支点。拆下的车轮轮毂要朝上放置（见图 9-2），以免划伤。

（3）标准：轮胎螺栓紧固力矩（110±10）N·m。

步骤 2　拆卸前减震器总成

（1）操作方法：取下发动机舱上的减震器盖罩（见图 9-3、图 9-4），用减震器拆装工具 97102 和活口板子旋松减震器上端自锁螺母（见图 9-5、图 9-6、图 9-7、图 9-8、图 9-9、图 9-10）。然后用 18、19 的扳手拧下减震器下端两个自锁螺母（见图 9-11、图 9-12）。取下减震器总成。

（2）注意事项：在拆下减震器上端固定螺栓时，用手拖住减震器总成，以免砸伤脚。

图 9-1　拆卸轮胎

图 9-2　注意轮胎摆放

图 9-3　前减震器盖罩

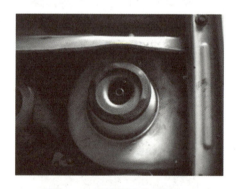
图 9-4　前减震器盖罩拆下后

图 9-5　专用拆卸工具

图 9-6　拆卸减震器上端自锁螺母

图 9-7 减震器上端自锁螺母拆卸方法

图 9-8 自锁螺母

图 9-9 拿下减震器上端防尘盖

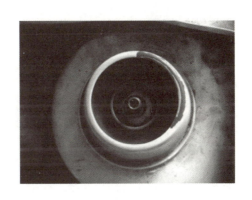
图 9-10 减震器上端

图 9-11 拆下减震器下端两个自锁螺母

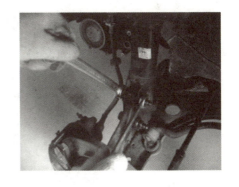
图 9-12 减震器下端自锁螺母拆卸方法

步骤 3 拆卸减震弹簧

(1) 操作方法：用减震器弹簧压紧工具把减震器弹簧固定好，用减震器拆装套筒旋松减震器弹簧固定螺栓，取下减震器悬架轴承、减震器弹簧上支撑座，用开口扳手慢慢旋松减震器弹簧压紧工具（见图 9-13），当弹簧伸张到一定长度时取下减震器弹簧工具，从减震器总成上取下减震器弹簧（见图 9-14、图 9-15、图 9-16、图 9-17）。

(2) 注意事项：压紧工具两边一起用活口板子旋松，操作人员一定垂直于减震器弹簧，以免伤人。

图9-13 夹紧弹簧

图9-14 拆卸弹簧紧固螺母

图9-15 拆下减震器防尘盖

图9-16 拆下弹簧上座

图9-17 拆下螺旋弹簧

步骤4 拆卸后悬架及弹簧

（1）操作方法：打开行李厢，找到座椅的固定钩（见图9-18），打开，然后打开后排座椅，打开后排装饰板，用减震器拆装工具97103和活口板子旋松减震器上端自锁螺母（见图9-19）。用2个17 mm扳手旋松后减震器下端固定螺栓（减震器和后桥之间）（见图9-20、图9-21）。取下减震器总成，后减振弹簧的拆卸方法与前悬架减振弹簧相同。

（2）注意事项：在拆下减震器下端固定螺栓时，用手拖住减震器总成，以免砸伤脚。

（3）标准：上端自锁螺母紧固力矩是25 N·m，下端自锁螺母紧固力矩是70 N·m。

图 9 – 18　座椅固定钩

图 9 – 19　拆下装饰板下面的减震器自锁螺母

图 9 – 20　后减震器下端
自锁螺母的位置（一）

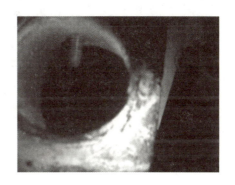

图 9 – 21　后减震器下端
自锁螺母的位置（二）

安 装 步 骤

安装顺序与拆卸顺序相反。在装配时，注意弹簧座的安装位置（见图 9 – 22）。自锁螺母要更换新的。拆装悬架之后，要做四轮定位，调整定位参数。

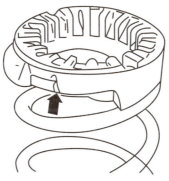

图 9 – 22　弹簧座的位置要对正

五、项目验收

序号	考核内容	配分	评分标准	扣分	得分
1	正确使用工具、仪器	10	工具使用不当，一次扣 2 分		
2	正确拆装顺序，所有零件摆放整齐	20	拆装顺序错误，一次扣 5 分；摆放不整齐，一处扣 2 分		
3	认识零件，选取拆卸下的元件指认，并说出作用	20	名字错误，每个扣 5 分，说出作用，酌情加分		
4	检测拆卸下的减震器，判断其是否有故障	20	检测及理由各 10 分		
5	安装悬架总成	20	组装顺序错误，一次扣 5 分		
6	整理工具，清理现场	10	每项扣 5 分，扣完为止		
	安全文明生产		违规操作，发生事故，记 0 分		
	分数合计	100			

项目 10 实训 -1

拆装齿轮齿条式转向器

一、实训组织安排

（1）参考学时：1。
（2）实训分组：每4人一组。
（3）实训类型：操作。

二、实训目的及重点、难点

1. 实训目的

（1）掌握齿轮齿条式转向器的构造及工作原理。
（2）掌握动力转向装置结构及工作原理。
（3）正确进行齿轮齿条式转向器的检修。

2. 重、难点

重点：齿轮齿条式转向器的拆装顺序、转向器各部件识别。
难点：齿轮齿条式转向器工作原理描述。

三、实训仪器设备及工具

1. 设备

齿轮齿条转向器

2. 工具

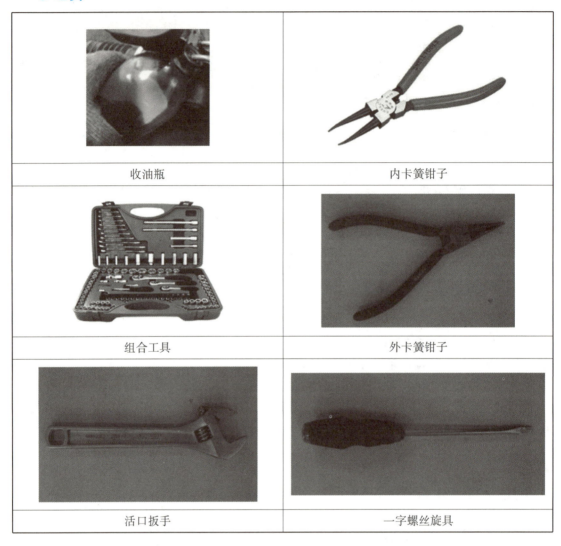

收油瓶	内卡簧钳子
组合工具	外卡簧钳子
活口扳手	一字螺丝旋具

四、内容及步骤

拆卸步骤

步骤1 排放转向助力油

（1）操作方法：将齿轮齿条转向器平置于工作台，旋下转向助力油管、卡片、螺栓（见图10-1、图10-2），拔出转向助力油管，将油管对准转向助力油回收瓶，往复拉运转向横拉杆，排出转向助力油（见图10-3）。

（2）注意事项：将废弃转向助力油统一回收。

图 10-1 拆卸转向助力油管、卡片、螺栓

(3）标准：T30 六角梅花扳手。

图 10-2 转向助力油管、卡片、螺栓位置示意

图 10-3 接转向助力油

步骤 2　拆卸转向助力油管

（1）操作方法：用锤子击打下转向助力油管卡片（见图 10-4），取下转向助力油管（见图 10-5）。

（2）注意事项：油管中可能有残留的转向助力油。

图 10-4 击打下转向助力油管卡片

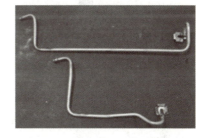

图 10-5 转向助力油管及卡片示意图

步骤 3　拆转向球头

（1）操作方法：用板扳手固定转向横拉杆，使用板扳手拆下转向球头及其固定螺栓（见图 10-6、图 10-7）。

（2）注意事项：需固定转向横拉杆。

（3）标准：22 mm、13 mm 板扳手。

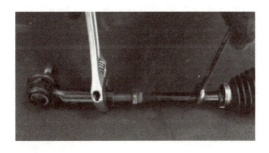

图 10-6 拆下转向球头

图 10-7 转向球头、转向横拉杆及固定

步骤4 拆卸防尘罩

(1) 操作方法：用一字螺丝刀拆下防尘罩卡子（见图10-8、图10-9），从一侧脱下防尘罩（见图10-10、图10-11）。

(2) 注意事项：防尘罩两端各有一个卡子，将两个卡子全部除掉防尘罩才能脱下。

 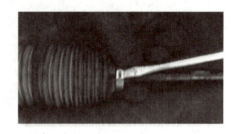

图10-8 防尘罩　　　　　　　　图10-9 拆卸防尘罩卡子

图10-10 拆卸防尘罩　　　　　　图10-11 防尘罩及夹子示意图

步骤5 拆卸转向横拉杆

(1) 操作方法：用板扳手拆卸转向横拉杆（见图10-12、图10-13）。

(2) 注意事项：转向齿条上有扳手夹位。

(3) 标准：22 mm 板扳手。

 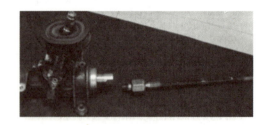

图10-12 拆卸转向横拉杆　　　　图10-13 转向横拉杆位置示意图

步骤6 拆卸转向齿轮

(1) 操作方法：用外卡簧钳拆下转向柱定位卡簧（见图10-14）；拆卸转向齿轮壳体固定螺栓，拆下转向齿轮壳体，拔出转向齿轮（见图10-15、图10-16、图10-17）。

(2) 标准：5 mm 内六角套筒。

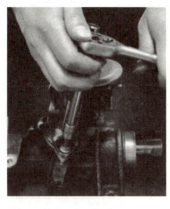

图 10-14 拆卸转向柱定位卡簧

图 10-15 转向齿轮壳体位置示意图

图 10-16 转向齿轮位置示意图

图 10-17 转向齿轮

步骤 7　拆卸转向齿条

（1）操作方法：拆卸齿轮、齿条间隙自调装置（见图 10-18、图 10-19），用内卡簧钳拆下转向齿条固定卡簧（见图 10-20），拔出齿条（见图 10-21、图 10-22）。

（2）标准：17 mm 套筒。

图 10-18 拆卸齿轮、齿条间隙自调装置

图 10-19 齿轮、齿条间隙自调装置位置示意图

图 10-20 拆下转向齿条固定卡簧

图 10-21 拔出齿条

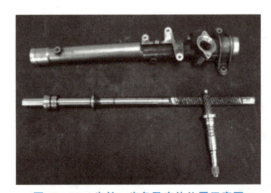
图 10-22 齿轮、齿条及壳体位置示意图

安 装 步 骤

与拆卸步骤相反。
操作中提示安全注意事项：
（1）注意按拆卸位置安装（转向横拉杆、防尘罩等）。
（2）注意齿轮齿条定位。

五、项目验收

序号	考核内容	配分	评分标准	扣分	得分
1	正确使用工具、仪器	10	工具使用不当，一次扣2分		
2	正确拆装顺序，所有零件摆放整齐	20	拆装顺序错误，一次扣5分；摆放不整齐，一处扣2分		
3	认识零件，选取拆卸下的元件指认，并说出作用	20	名字错误，每个扣5分，说出作用，酌情加分		
4	检测拆卸下的零件，判断其是否有故障	20	检测及理由各10分		

续表

序号	考核内容	配分	评分标准	扣分	得分
5	安装	20	组装顺序错误,一次扣5分		
6	整理工具,清理现场	10	每项扣5分,扣完为止		
	安全文明生产		违规操作,发生事故,记0分		
	分数合计	100			

项目 10 实训 –2

整体更换转向机

一、实训组织安排

(1) 参考学时：2。
(2) 实训分组：每5人一组。
(3) 实训类型：操作。

二、实训目的及重点、难点

1. 实训目的

(1) 掌握转向机的拆装方法及要领。
(2) 巩固对转向系统结构及工作原理的理解。
(3) 加深理解转向系统常见故障诊断及排除方法。

2. 重、难点

重点：汽车转向机的拆装顺序，转向系统各部件识别。
难点：转向系统动力传递路线描述，转向各部分工作原理的理解。

三、实训仪器设备及工具

1. 设备

捷达轿车。

2. 工具

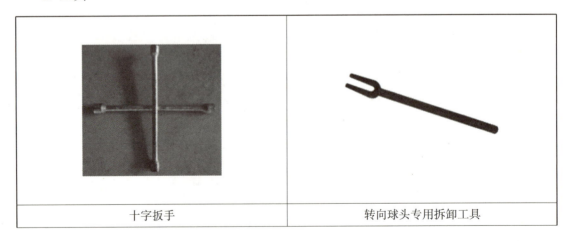

| 十字扳手 | 转向球头专用拆卸工具 |

续表

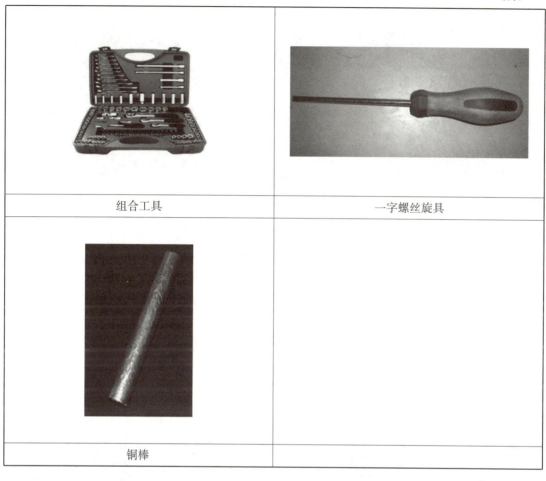

组合工具	一字螺丝旋具
铜棒	

四、内容及步骤

拆 卸 步 骤

步骤1　汽车停置
（1）操作方法：将汽车置于举升机上。
（2）注意事项：注意举升机的支撑点。

步骤2　拆卸轮胎
（1）操作方法：使用十字轮胎扳手，拆卸两侧轮胎（见图11-1）。
（2）注意事项：拆卸轮胎时最后卸下下侧螺栓，卸最后一个螺栓时要注意把好轮胎，防止轮胎坠下。

步骤3　举升汽车（见图11-2）

图11-1　拆卸轮胎　　　　　　　　　图11-2　举升汽车

步骤4　拆卸转向横拉杆球头销固定螺栓
（1）操作方法：使用板扳手，拆下转向横拉杆球头销固定螺栓（2个）（见图11-3）。
（2）注意事项：固定住转向横拉杆，注意螺栓螺纹。
（3）标准：19 mm 板扳手。

步骤5　拔出转向横拉杆球头销
（1）操作方法：使用转向球头专用拆卸工具，拔出转向横拉杆球头销（见图11-4）；或用铜棒垫着，用锤子把转向横拉杆球头销打下。
（2）注意事项：注意调整轮毂方向，以更好地将转向横拉杆球头销取出。

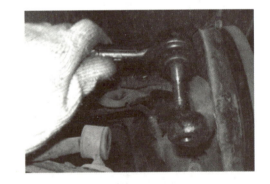

图11-3　拆下转向横拉杆球头销固定螺栓　　　　图11-4　转向横拉杆球头销位置

步骤6　拆卸转向柱（十字轴式万向节）与转向机连接处固定螺栓
（1）操作方法：使用小棘轮、棘杆、套筒拆卸转向柱与转向机连接处的固定螺栓（见图11-5、图11-6）。
（2）标准：13 mm 套筒。

图 11-5 转向柱与转向机连接处固定螺栓位置

图 11-6 拆卸转向柱与转向机连接处固定螺栓

步骤 7 将转向柱与转向机连接处分开

（1）操作方法：使用一字螺丝刀，将转向柱与转向机连接处分开（见图 11-7）。

（2）注意事项：不要破坏连接处结构。

图 11-7 转向柱与转向机连接处位置

步骤 8 在转向器上拆下变速器换挡杆支架

（1）操作方法：使用板扳手拆卸变速器换挡杆支架螺栓（3 个）（见图 11-8、图 11-9）。

（2）标准：13 mm 板扳手。

图 11-8 拆卸变速器换挡杆支架螺栓

图 11-9 变速器换挡杆支架螺栓在转向机上连接处位置

步骤9　拆卸转向机与元宝梁固定螺栓

（1）操作方法：用板扳子固定转向机与元宝梁固定螺栓、螺母，使用中棘轮、棘杆及套筒拆卸转向机与元宝梁固定螺栓（4个）（见图11-10、图11-11）。

（2）标准：13 mm板扳子、13 mm套筒。

图11-10　拆卸转向机与元宝梁固定螺栓

图11-11　拆卸转向机固定装置

步骤10　取下转向机固定装置

操作方法：用一字螺丝刀撬下转向机固定装置（见图11-12、图11-13）。

图11-12　转向机固定装置

图11-13　转向机固定装置与转向机连接位置

步骤11　整体取下转向机

（1）操作方法：从一侧取下转向机（见图11-14、图11-15）。

（2）注意事项：在取下转向机的过程中注意不要碰触到其他装置。

图 11-14 取下转向机

图 11-15 转向机

安 装 步 骤

与拆卸步骤相反。

*操作中提示安全注意事项：

(1) 注意按拆卸位置安装（转向横拉杆、转向机固定装置等）。
(2) 注意转向柱与转向机定位。

五、项目验收

序号	考核内容	配分	评分标准	扣分	得分
1	正确使用工具、仪器	10	工具使用不当，一次扣2分		
2	正确拆装顺序，所有零件摆放整齐	30	拆装顺序错误，一次扣10分；摆放不整齐，一处扣2分		
	螺杆、螺母的检查		不检查，一次扣2分		
3	其他零件的检查	10	一处测量结果不正确，扣5分		
4	转向机的拆卸与调整	40	不会调整，扣20分		
			调整错误，一处扣10分		
5	整理工具，清理现场	10	每项扣5分，扣完为止		
	安全文明生产		违规操作，发生事故，记0分		
6	分数合计	100			

项目 11 实训
更换刹车片

一、实训组织安排

（1）参考学时：4。
（2）实训分组：每4人一组。
（3）实训类型：操作。

二、实训目的及重点、难点

1. 实训目的

（1）能够对捷达轿车制动系统进行正确拆装。
（2）巩固对制动系统主要零件的结构及相互装配关系的理解。
（3）加深理解制动系统常见的故障诊断及排除方法。

2. 重、难点

重点：制动系统拆装方法及注意事项。
难点：制动系统常见故障的诊断思路及排除方法。

三、实训仪器设备及工具

1. 设备

捷达轿车一辆。

2. 工具

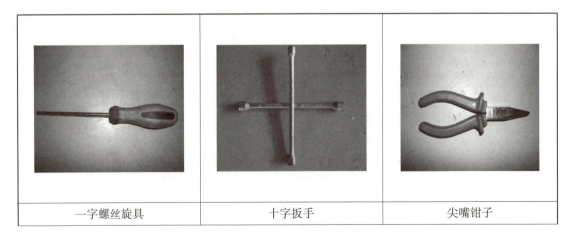

| 一字螺丝旋具 | 十字扳手 | 尖嘴钳子 |

续表

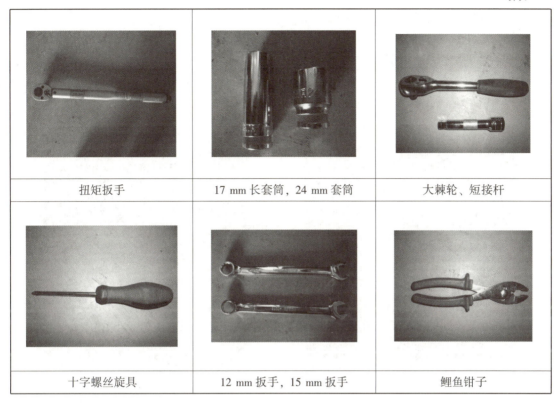

| 扭矩扳手 | 17 mm 长套筒，24 mm 套筒 | 大棘轮、短接杆 |
| 十字螺丝旋具 | 12 mm 扳手，15 mm 扳手 | 鲤鱼钳子 |

四、内容及步骤

盘式制动器拆卸步骤

步骤1　拆卸车轮

（1）操作方法：拆下车轮装饰罩，在用举升机将汽车举升之前用十字扳手拧松（见图12-1），用举升机将汽车举起，完全卸下车轮（见图12-2）。

图 12-1　拆卸车轮螺栓

图 12-2　盘式制动器

(2) 注意事项：螺栓拆卸按照对角线方向进行，注意选择车辆的支点以免损坏车辆。

(3) 标准：螺栓紧固力矩（110±10）N·m。

步骤2　拆卸制动钳总成

(1) 操作方法：用扳手拆下两个制动钳壳体上的固定螺栓（两个螺栓位置如图12-3、图12-4所示），拆卸时需两扳手配合工作，一个扳手固定螺栓内侧，另一扳手将外侧螺栓拧下（见图12-5），拆下制动钳壳体总成（见图12-6）。

图12-3　制动钳壳体固定螺栓1

图12-4　制动钳壳体固定螺栓2

图12-5　拆卸制动钳壳体螺栓

图12-6　拆下制动钳壳体总成

(2) 注意事项：制动钳拆下后将其吊起，以免其重力作用对其造成损坏。

(3) 标准：螺栓紧固力矩（22±1）N·m。

步骤3　拆卸（更换）刹车片

(1) 操作方法：从制动盘两侧取下制动片（见图12-7），检查磨损程度，并进行更换。

(2) 注意事项：新片的型号要与原来摩擦片保持一致，前后片尺寸不同，不可互换。

(3) 标准：摩擦片剩余摩擦材料不足3 mm时需更换。

图 12-7　取下制动片

安 装 步 骤

安装过程与拆卸相反，安装时注意前后两片摩擦片位置不可以互换。

鼓式制动器拆卸步骤

拆卸之前，先松开驾驶室内的手刹装置。

步骤1　拆卸车轮

（1）操作方法：拆下车轮装饰罩，在用举升机将汽车举升之前用扭矩扳手拧松（见图12-8），用举升机将汽车举起，完全卸下车轮（见图12-9）。

图 12-8　拆卸轮胎螺栓　　　　　图 12-9　鼓式制动器

（2）注意事项：螺栓拆卸按照对角线方向进行，注意选择车辆的支点以免损坏车辆。
（3）标准：车轮螺栓紧固力矩 （110±10） N·m。

步骤2　拆卸制动鼓总成

（1）操作方法：照图示顺序拆下防尘罩（见图12-10），拆卸定位锁销及定位锁片

（见图12-11、图12-12），用扭矩扳手拧下中心螺母（见图12-13、图12-14），取出垫片（见图12-15），完全卸下制动鼓总成（见图12-16）。

（2）注意事项：检查制动鼓内侧表面，如果磨损严重，需对其进行更换。

（3）标准：中心螺栓紧固力矩（270±20）N·m。

图12-10　拆卸防尘罩

图12-11　拆卸定位锁销

图12-12　拆卸定位锁片

图12-13　拆卸中心螺母

图12-14　取下中心螺栓

图12-15　拆卸垫片

图 12－16　拆卸制动鼓总成

步骤3　拆卸制动蹄

（1）操作方法：按照图示顺序拆卸调整弹簧（见图 12－17）、上下回位弹簧（见图 12－18、图 12－19）；拆下领蹄和从蹄中部的压紧销（压紧销位置如图 12－20、图 12－21 所示），拆卸方法为：向车轮内侧压按并旋转压紧销弹簧座，使压紧销钉头与弹簧座中心开口方向一致即可卸下紧锁销（见图 12－22）；张开制动蹄使之与轮缸分离（见图 12－23），取下领蹄及从蹄总成（见图 12－24）；将驻车制动拉索与领蹄上拉杆分离（见图 12－25、图 12－26）。

图 12－17　拆卸调整弹簧

图 12－18　拆卸上回位弹簧

图 12－19　拆卸下回位弹簧

图 12－20　压紧销1

图 12-21　压紧销 2

图 12-22　拆卸压紧锁销

图 12-23　将制动蹄与轮缸分开

图 12-24　拆下制动蹄

图 12-25　驻车制动拉索与领蹄上拉杆

图 12-26　拆卸驻车制动拉索

（2）注意事项：弹簧弹力较大，拆卸过程中注意安全。

安 装 步 骤

与拆卸步骤相反。

注意：弹簧在安装的过程中需用钳子进行拉伸安装。完成更换摩擦片或制动盘后，踩制动数次以使制动摩擦片与制动盘磨合，确保安全性。在更换制动摩擦片后，应检查制动液液位是否在 MIN 与 MAX 之间，并视情况添加。

五、项目验收

序号	考核内容	配分	评分标准	扣分	得分
1	正确使用工具、仪器	10	工具使用不当，一次扣 2 分		
2	正确拆装顺序，所有零件摆放整齐	20	拆装顺序错误，一次扣 5 分；摆放不整齐，一处扣 2 分		
3	认识零件，选取拆卸下的元件指认，并说出作用	20	名字错误，每个扣 5 分，说出作用，酌情加分		
4	检测拆制动器摩擦片，判断其是否需要更换	20	检测及理由各 10 分		
5	安装制动器总成	20	组装顺序错误，一次扣 5 分		
6	整理工具，清理现场	10	每项扣 5 分，扣完为止		
	安全文明生产		违规操作，发生事故，记 0 分		
	分数合计	100			